MATERIA OSCURA

MATERIA OSCURA

Jorge Fernández Granados

V PREMIO INTERNACIONAL DE POESÍA DE FUENTE VAQUEROS

Valparaíso
EDICIONES

Número 560 de la Colección VALPARAÍSO DE POESÍA
dirigida por FEDERICO DÍAZ-GRANADOS

Diseño y maquetación: Chari Nogales
www.charinogales.com @chari_nogales
Imagen de portada: *Materia del poema oscuro,* © Rodrigo Rojas
Bollo (2026). Tinta y aguada sobre papel hilado de 300 g.

Primera edición: mayo de 2026

C/ Fray Leopoldo, 7 Bajo 18014 Granada
www.valparaisoediciones.es

ISBN: 979-13-88007-40-8
Depósito Legal: GR 437-2026

Impreso en España - Printed in Spain
Gráficas Gami

Un jurado compuesto por los poetas Raquel Lanseros y Ramón Martínez, y la traductora Nieves García Prados decidió por mayoría conceder a *Materia oscura*, de Jorge Fernández Granados, la V edición del Premio Internacional de Poesía de Fuente Vaqueros, pueblo natal de Federico García Lorca.

Para Claudia Posadas,
por todo aquello que es verdad
y a veces está más allá de lo visible.

El universo que nos rodea no es lo que parece ser. Las estrellas constituyen menos del 1 por ciento de su masa y todo el gas errante y otras formas de materia ordinaria, menos del 5 por ciento. Los movimientos de esta materia visible revelan que son meros restos flotantes en un mar invisible de material desconocido. Sabemos poco sobre ese mar. Los términos que hoy usamos para describir sus componentes, "materia oscura" y "energía oscura", sirven esencialmente como expresiones de nuestra ignorancia.

DAVID B. CLINE
(1933-2015, FÍSICO DE PARTÍCULAS NORTEAMERICANO)

Nos convertimos en astrónomos pensando que estábamos estudiando el universo, y ahora aprendemos que estamos estudiando solo el 5 o el 10 por ciento que es luminoso.

VERA RUBIN
(1928-2016, ASTRÓNOMA PIONERA EN EL DESCUBRIMIENTO DE LA MATERIA OSCURA DEL UNIVERSO)

1 / PARTÍCULAS O CUERDAS

LA FE DE LAS HORMIGAS

ellas saben que cada expedición es otro envenenado
    camino
por los parajes del verano
ellas saben que no son bienvenidas más allá de su
    hormiguero
y que siempre regresan menos de ellas de las que salen
    cada día
pero nacen y deben buscar su comida en el territorio a
    su alcance
en el territorio que a veces denominamos "nuestra casa"

ellas caminan a un paso diferente y minúsculo
    la intrincada geometría de su entorno
y siempre descubren
con más pies que nosotros
con más olfato que nosotros
con más militantes individuos que nosotros
con más tiempo y tenacidad que nosotros
que alguien ha dejado un poco de comida
fuera del refrigerador y a su alcance
y esta noche han conquistado una vez más al mundo

ellas son
a fin de cuentas
las últimas soberanas de la tierra

es decir
las que han tenido la inquebrantable fuerza

y la voluntad de existir
verano tras verano
año tras año
siglo tras siglo
era tras era
en la memoria de su única verdad

a pesar o a través de nosotros
no abandonar nunca la mínima tarea

sobre la antigua
inexplorada
e inagotable tierra

EL ESPEJISMO DEL COLIBRÍ

a la izquierda del patio
en ciertas mañanas de marzo
su vuelo zigzagueante nos daba la promesa
de la llegada de mejores días

o en las más expectantes horas
su ávido aleteo
con la rapidez de un insecto y la elegancia de un pájaro
parecía de algún modo la visita de un ángel

pero fueron luego
uno dos tres años
en que las flores se abrieron
y no volvió el colibrí
no regresó el ángel vegetal que tanta luz trabajaba
en el modesto lugar de nuestro patio
y nos preguntábamos acerca de su ausencia

§

primero improvisamos una jícara con agua y azúcar
para de algún modo llamarlo
pero eso se llenó más bien de hormigas y moscas
luego dispusimos un bebedero especial
diseñado de tal forma que sólo su largo pico

alcanzaba el alimento
pero esto tampoco lo hizo volver

un poco intrigado por el enigma de su ausencia
averigüé que según la creencia de los aztecas
el espíritu de los guerreros muertos
a veces reencarnaba en un colibrí
y en el chilam balam de los mayas
se afirma que esta ave diminuta era el enlace entre
    los dioses
y nosotros

esta sospecha de una transfiguración me parece
en tan distintos casos por demás ancestrales
una suficiente evidencia de certeza y de misterio

el colibrí tal vez es
o fue o siempre será
la visita de lo invisible

§

un día
en una pequeña habitación de la azotea
descubrimos el cadáver del colibrí

era de mañana y aquel rincón parecía recoger la claridad
toda la luz como un epitafio mudo en una lápida blanca

el lugar donde murió
es el rincón más alto de la casa
un estrecho espacio donde se amontonan los objetos
    olvidados
lleno de luz y rodeado de ventanas

creo que el colibrí sólo percibía la claridad
pero no fue capaz de discernir entre el cielo y
    el obstáculo de las ventanas
por eso no consiguió salir del laberinto
su cuerpo estaba roto de pelear contra los cristales

el espejismo de la luz fue su trampa final

§

no he sido ni soy un hombre de fe
y mi curiosidad termina donde mi razón se apaga
pero hay cosas que en mi entendimiento brillan con
    una luz que me rebasa

y no entiendo todavía por qué
la muerte de algo tan pequeño
me parece aún una de las más irreparables pérdidas
que me han tocado en la vida

EL LENGUAJE DEL GRILLO

termina la lluvia y comienza su monodia

es tan breve su vida que esta noche la deja en una llamada

no es un héroe
por eso gasta (arrastra) hasta lo absurdo
una tonada donde se cumple
su razón de ser

la siguiente lluvia se habrá ido

§

regresa
cada año con la misma confianza
nace
cada año con la misma confianza
nos visita
cada año con la misma insistencia
canta

pero esta vez no pude encontrarlo
escuché
su llamada toda la noche por la casa
y no pude cazarlo

de hecho no
lo he vuelto a ver
pero escucho de cuando en cuando su discreta y cíclica
llamada
en algún rincón que ya no me ocupo en buscar

§

termina la lluvia   empieza su menuda música

hay un poema

pero la última luz de este día está dentro de ti

oscurece   decae el resplandor del cielo

ha vuelto

pero la última luz de este día está dentro de ti

se hace tarde   mas es preciso escribir porque no
tengo otra casa

y sé como el grillo que
la última luz de este día está dentro de mí

§

soñé que el grillo era el tiempo breve de la vida

soñé que el canto del grillo es el ritmo de la lluvia y la ceniza

soñé que debía escucharlo y callarme durante su
    mínima presencia

soñé que cuando el grillo haya terminado de escuchar
    la lluvia
terminará su vida

pero no terminará la lluvia

soñé que cuando el corazón que guardaba la vida haya
    dejado de latir

tampoco se detendrá la vida

PRIMERA LLAMADA

a la pequeña Sara
que hoy ha descubierto su garganta

hágase tu grito
vénganos el reino
de tu ruido

venga desde tu diminuta voz el más antiguo credo
la voz del nacimiento

era la garganta el genio advierto donde vuelve
el largo alarido a tiempo de la especie

no hay un antes no hay un después no hay alfabeto
que articule aún el linaje de ese grito
encarcelado entre el hambre y la mañana

será tu garganta con los años la fuente o la caverna?

el sol de tu ser
hoy emerge desde el aire apenas comprimido por tu
    pequeño pecho
como una futura y primordial llamada

OFICIO

no sin la lección del sosiego
recuérdalo
no sin la demora en la maduración el turno
de la gracia
en que cada elemento ocupa su esperado sitio o brilla
por fin
en su único nombre necesario

no sin la visita de lo innumerable
témplalo
hasta que cada cosa se confunda consigo misma
y vuelva
a ser aquella aparición aquella precisa
materia
mortal bajo tus dedos que buscan
en la niebla
los justos los pocos los genuinos
vocablos

ESPECTADORES

el escenario no está hecho para nosotros
ingrato y glamoroso
sólo pretende sorprendernos
con el drama de la temporada

no obstante en cada show *aplaudimos*

(porque a decir verdad es adorable)
y somos igual de viejos que cada uno de sus trucos

§

somos del siglo pasado
necesitamos ver rostros   o aún creemos en ellos
saludar de mano a la gente
buscamos la gestualidad   o la elocuencia   ya
inútil
que le dio integridad a los primates

somos de aquellos que se extinguen
cuando no cruzan sus ojos   o sus manos
con un prójimo vivo   somos del siglo pasado
procuramos un escenario   una atmósfera
incluso un silencio convincente
único cómplice   para la conversación   ya extinta

somos en resumen del siglo pasado
aguardamos el aroma   irremediable   de lo viviente
y no podemos aceptar
esta iluminada cripta sin testigos

§

en el cabaret digital del mundo
elige bien tu personaje   no rehúyas
esos pequeños papeles que son los que cosechan
las inmediatas   las mejores sonrisas
todos somos espectadores al fin o personajes
y el autor de la trama aún permanece oculto

§

que los dioses virtuales no deleguen la venganza
en la última representación
del descarriado

que tengan el coraje de aparecer
por una vez con un rostro sin máscara
con una identidad sin avatar
para conocer de frente al primer espectador
que también será
el último verdugo

REDES SOCIALES

fue algún día nuestro esperado sueño
nuestra dorada pesadilla
o tal vez la versión más extraña de la soledad
jamás imaginada por la soledad

te contaré un cuento de miedo
una *creepypasta* para pasar esta noche

supongamos que hay un mundo
que ha suplantado al mundo

supongamos que en ese mundo tú no eres tú
sino
ese alguien o algo o eso
que tiene todo lo que tú has hecho para ser tú

allí está tu cara allí está tu nombre allí está tu historia
allí están tus deseos allí está tu pasado allí está tal vez
    tu futuro

y te ven te visitan te vigilan
1.000 miradas
que no son ni siquiera un solo ser humano
te ven te vigilan te acechan
10.000 miradas
que no te dejan dormir ni pensar ni salir
100.000 miradas
y su zumbido al paso de los días es ya un virus
    en tu cabeza

1.000.000 miradas que son sin embargo desdoblamientos
o algoritmos o fantasmas
exactamente pensados para ti
exactamente creados para ti
exactamente soñados para tus sueños
o tus pesadillas

habitas ahí hasta que un día
despiertas
hasta que algún día desde un hondo impulso de libertad
tan inesperado como el que te hizo entrar ahí
te advierte salir
salir mientras puedas
salir

y tu alma como al principio
de una pobre y dorada pesadilla
está sola
frente a otra versión
cada vez más extraña
de la soledad

PERTENECEMOS

mirar es una historia de antes
hablar es una historia de antes
saber es una historia de antes

somos a veces una historia   de más

se fue esta tarde conversábamos
de nada y todo a la vez
el tema era un pretexto del azar
el día nos heredó la tarde y el crepúsculo nos heredó
    la noche
aquí pero también en otro territorio
donde como los niños que crecen juntos
conocíamos el atajo del camino
un lugar donde los silencios no son
menos exactos que las palabras
y donde reconocíamos
con el mismo instinto con la misma complicidad
pequeñas y fundamentales cosas

no sé con certeza de dónde provienes
extranjera
naciste en un país que los mapas se disputan
y los ejércitos arrasaron siglo tras siglo
tu aspecto tal vez por eso es el de una gitana
la permanente extranjera en el tren
que nos conduce a todos al exilio

nos falta una patria verdadera
una casa una familia un idioma un hogar
con los que podríamos confiar en un cimiento
un dios un territorio donde podríamos dormir seguros
todas y cada una de las noches que faltan
para el fin del mundo

pero somos errantes y reímos
nuestra divinidad es casual
e incierta como la naturaleza de todas las cosas
y creo que sólo hay una pregunta para la que no
tendremos respuesta:

la coincidencia de esta noche
fue es o será
una casualidad
o el número hechizado
en la ecuación del destino?

en fin aquí el tiempo y el espacio nos conceden
        esta brevísima
eternidad
y la vida ya se sabe es corta
pero tengo la certeza de que mi alma tiene la edad
        de la tuya
porque algo me dice que te conozco de antes
de muy antes
y acaso partiré también de aquí contigo

INTUIR

siempre hay algo dentro de ti
que sabe más que tú

siempre hay algo dentro de ti
que piensa más rápido que tú

siempre hay algo dentro de ti
que no eres del todo tú

siempre hay algo dentro de ti
que es también una parte de ti mismo que todavía
    no alcanzas

aquello que hay en el centro de ti y tal vez ni siquiera
    te pertenece

no existe una palabra para definirlo
ni un lugar preciso para encontrarlo
ni un momento exacto para que suceda
pero tú reconocerás su presencia
en el último sentido de tus sentidos

y te guiarás por aquello que antecede y rebasa
por aquello que conspira y construye
dentro de ti
el secreto del futuro

EN OTRA PARTE

para Alejandro Magallanes

la posición de las estrellas esta noche en el cielo
no significa nada

el ritmo de las olas del mar que se desintegran contra
        la arena en una playa distante
no significa nada

la canción arrinconada del grillo y la mitad oculta de la luna
no significan nada

el sonido de la lluvia al caer sobre la ventana y la melodía
que involuntariamente regresa desde algún lugar
        de la memoria
no significan nada

el inalcanzable lugar a donde se ausenta de pronto quien
        está conversando contigo
no significa nada

tus inquietantes pesadillas de anoche y los aún
        incontables sueños de mañana
no significan nada

la sucesión de símbolos y números en las cartas elegidas
        por la mano de la fortuna
no significan nada

el eco de las palabras y las historias todavía no contadas
    de la gente que viene y va por la calle
no significan nada

el sentido está en otra parte

tal vez en el lugar menos buscado
en el lugar de este minuto sólo presente frente a tus ojos
como *la delgada línea que divide el lado derecho del izquierdo*
y que atravesamos todos los días con la naturalidad
    de lo increíble

ha estado en ti desde el principio

pero posiblemente hayas perdido media vida buscando
    el inasible significado de la vida

KŌAN

un perfecto lugar para las cosas imperfectas
o un imperfecto lugar para las cosas perfectas

un pequeño grillo que taladra con su llamado la noche
o la noche que no termina de llamarnos a través de un
    pequeño grillo

un mar que sin saberlo refleja como espejo al cielo
o un cielo que en su fondo no es distinto al mar

un milagro a la altura del azar
o un azar a la altura del milagro

el cansado polvo de un dios que se deshizo
o un dios que no se cansa de pulverizarse

la fe que desciende hasta el lugar de los eventos para dar
    con la verdad
o la ciencia que asciende hasta el lugar de los eventos
    para dar con la verdad

el último deseo dentro de un sueño antes de despertar
o despertar dentro de un sueño al fin sin ningún deseo

esto y diez mil preguntas más

son la arquitectura de tu origen
quién eres?

de dónde vienes?
quién es tu creador?

INTEMPERIE

para Ignacio Padilla

el gran silencio asciende

la fogata está a punto de extinguirse

pero hemos conversado esta noche
hasta el origen hasta el germen
magnífico
de la comunión

hemos rodeado la gravedad de un intocable fuego
como insectos o cuerpos
errantes (extraviados) en el bosque el cielo o la orfandad
de las estrellas
pero atraídos o hechizados por la luz
siempre por la luz que regresa
y ahora ya hasta la más brillante de las palabras
es ya únicamente una chispa en medio de la noche

es hoy como ayer anterior e interminable la intemperie
es hoy como ayer breve el instante de la combustión
es hoy como ayer incierto el alcance del lenguaje
frente a esta nuestra mínima fogata

pero acaso los dioses o los ancestros
vigilan discretamente la hoguera y la ceniza

y tras los rescoldos del fulgor nos conducen todavía
con esta advertencia:

de entre todas tus palabras
sólo las verdaderas te defenderán
ante el frío del futuro
el todopoderoso el último
adversario

2 / DIMENSIONES INOBSERVABLES

LUZ DE LA RAZÓN DE OMAR KHAYYAM

1

viejo mundo que anocheces
desde tu fortaleza oscura y vuelves
a recibir la luz cara a cara
como el primer día
sobre tu azul esfera indiferente

viejo mundo que amaneces
engañosamente renacido
para acunar la una y otra vez interrogante
la una y otra vez irreductible
semilla inagotable de la tierra

viejo mundo que contemplas
con ironía la verdad y su reverso
y en la violenta cabalgata de tu marcha edificas
sólo para destruir después
el esplendor bronceado de los reinos
la simetría astral de los palacios
o la ingeniosa alegoría de los libros y los credos
al tiempo que lanzas viejo mundo día tras día
vida tras vida la baraja de la juventud
sobre la dura mesa de la muerte

2

has visto construirse imperios
bajo el altivo ceño de sus dioses y caer
sin otra forma que su antigua
magnificencia como un sueño

has mirado levantarse reinos
con el oro de las lágrimas
y los has visto apagarse luego
bajo la anónima arena de la noche

has mirado y sabes
que no hay argumento que satisfaga el hambre
de los pueblos y los tronos tú lo sabes y lo dictas
tal cual como son todos ellos
efímeros y soberbios y grotescos

y así pasas una por una las interminables páginas
        de tus días
creando y destruyendo
borrando y de nuevo edificando
hasta el incógnito final de tus insondables
y minerales ojos

3

viejo mundo te entrego lo único que de verdad es mío
mi corazón oscuro y mi palabra radiante
que ha probado el vinagre y la miel de la vida
con su equipaje de verdes frutos de la carne y del olvido
y que ha visto la sangre de generaciones sacrificada
al viento y al giro desbocado de tus tempestades

viejo mundo te hago este tributo
en el crepúsculo de mi vida y en el esplendor
de esta mañana en la ciudad persa de nishapur
donde llego a la edad de ochenta años
el lugar donde nací y tal vez el último lugar que verán
     mis ojos
y siempre aún
lo que yo llamo mi alma
tras tu sueño
tu inalcanzable sueño

CONJUROS DE HOWARD PHILLIPS LOVECRAFT

con desmesurado orgullo me entregué al oficio
    de estar solo
y no dejé otro vestigio de mi paso por el mundo
que unos cuantos relatos con mis obsesiones y miles
    de cartas a mis cófrades o amigos
miles de papeles manuscritos a próximos y desconocidos
y la invención de una oscura e inquietante cosmogonía

lo más extraño es que yo
que hice todo por desaparecer
por abandonar este sitio de horror y demencia
estoy hoy más vivo que nunca

§

se me ha clasificado como un escritor de ficción
como el creador del *horror cósmico*
pero lo que nadie adivina es que escribo historias
extrañas para describir la realidad
y todos los días la realidad las supera

§

tal vez la imaginación es la mirada con la que se alcanza a
conocer la mente de dios y tal vez el camino
de los que deliran hasta la locura es el único que adivina
    el inaccesible fondo de su ser

§

suponer que existe un solo dios es reconfortante
es creer en un orden
en un último monarca
en una entidad universal que nos inventa y vigila
en un padre infinito
todo eso se denomina fe

pero yo no la tengo

yo sé que estamos verdaderamente solos
en los helados confines del tiempo y del vacío
sin otro asidero que la materia y las pesadillas
    que nos dieron forma
y sin otro destino que la permanente creación
    y destrucción
del parpadeo sin significado de nuestra vida

§

estuve fuera del mundo
tanto tiempo como pude
porque necesitaba percatarme de su extrañeza
lo intenté de varios modos y a través de recónditas
    creencias
de inusuales experimentos y sustancias a mi alcance
de extremas teologías y arcanos inalcanzables

pero yo también requería del mundo tanto como el buzo
que recoge y atesora el testimonio de su extrema inmersión
pero sólo si vuelve al oxígeno de la superficie
    podrá contarlo

§

un día toqué la raíz del horror y di con el árbol del
mundo y entonces me di cuenta de que el azar del mal
tiene un boleto para cada uno de nosotros

§

no existe la verdad
sólo lo verosímil
la realidad es una mente soñando sin descanso

no existe la locura

sólo una pesadilla
la realidad es algo que apenas está por comenzar

§

no me gusta este lado de la realidad
es imperfecto y sospechoso

no creo en el simulacro de este mundo frente
    a mis sentidos
es imperfecto y sospechoso

no creo en el ser que me creó
es imperfecto y sospechoso

§

proviene de lo indecible el conjuro que nos levantó
    del polvo
en el recóndito vacío de las estrellas
y permanentemente nos vigila y aguarda
el secreto horror de nuestro origen

NIEVE DE OSIP MANDELSHTAM

como quien pretende cambiar de página en un libro
    de piedra
y lee con los ojos del sueño una escritura del sueño
he dicho la verdad
pero es inverosímil

perdí la batalla
estuve en el bando equivocado
creí y milité con quienes cada noche inventaban
y prometían un mundo nuevo
pero cada mañana al día siguiente el mundo volvía
    a ser el mismo
y aquellos y aquello por lo que dimos la vida estaban
cada vez más lejos de nosotros

por eso y por el orgullo de un tirano
que algún día fue nuestro igual nuestro hermano generoso
mi vida fue una prisión
pero en ella comprendí lo suficiente
para aborrecer tanto como para amar la vida

prisionero pregunté y maldije
todas las vidas que tuve que vivir para merecer ésta
prisionero pregunté y maldecí
todas las voces que escuchaba en aquel minuto
    en que debía decidir
ante la incertidumbre la intacta la íntima la última justicia
de cada uno de mis vocablos

ahora oculto el fuego azul de mis palabras en un cuaderno
    clandestino
y sólo espero el final de la noche
porque la nieve de voronezh me reveló en un sueño que
    el infierno es helado
y el último poema está escrito bajo el hielo de siberia

ahora todo ha quedado atrás y fue un incendio
donde ardimos tantos
tantos años hace ya
que hoy para mí cualquier nueva promesa
    de un mundo distinto
ni siquiera sería justicia
sino la más extraña
de las venganzas

sólo el amor y la memoria de nadezhda
me permitieron sobrevivir al gulag del olvido
y dejé escrita esta última pregunta sobre el muro de la cárcel:
será posible que yo aún exista realmente
que esto que llega es la muerte verdadera?

morí en una prisión
pero entendí que todos nacimos de alguna manera presos
y ese día posiblemente
fui libre por primera vez

PUENTE DE PAUL CELAN

digno es desaparecer
en medio de la fiesta
oír la última canción y despedirse adivinar
la cita
que llama puntualmente
en otra parte

digno es sospechar
que algo conspira contra la plenitud
desde el origen

por el oriente la luz de la luna aclara el fondo
de las aguas heladas
del sena esta noche de abril de 1970
bajo el puente mirabeau
y lo que está frente a tus ojos aún tiene razón
pero ya no tiene sentido

§

y el limo de las aguas del sena
el ancestral río de las generaciones victoriosas de francia
el ancestral río también del exilio y las generaciones
        derrotadas de europa
el limo de tantas historias anegadas en la nada el río
sencillamente el río donde todo emerge y desaparece

despierta y renombra en tu cabeza
súbitamente
las imágenes y las presencias
que ya en tu alma son han sido y serán
irreversibles

el otro hondo oscuro río de la memoria

Ancel Chernivtsi Bucovina Ucrania
tu padre Leo tu madre Fixie
tus dos hermanos sin paradero y la interminable lista
    de los otros
borrados o perdidos nombres
en un campo de concentración
en moldavia en 1944

la pregunta
como tu cuerpo en el aire al caer
desde el puente mirabeau
quedó sin respuesta

§

la culpa quizá del sobreviviente
eso dicen algunos
el último que vivió para no olvidar la historia
y la ausencia desde entonces de lo más tuyo
    en cualquier multitud
el sueño recurrente de la huida y los disparos

el peso creciente de tu cuerpo
el único que faltó en la fosa común junto a los otros

la culpa quizá del sobreviviente
eso dicen algunos
pero la hambrienta gravedad que te atrae al fin hacia
    el desconocido fondo
es probablemente la desterrada sombra de tu destino
que te acechaba desde aquella masacre
que arrasó a tu gente a tu casa y a tu tierra
aquel recuerdo que cumple finalmente su postergado día

§

digno no es durar
sino tocar con las manos del testigo
el hueco en el centro del mundo
cuando el sello hereditario del exilio es todavía
    un perseguidor
y ya no hay tregua ni postergamiento

digno no es dejar una lección
sino llevarse una pregunta
la genuina piedra milenaria en la mano
hasta tocar el fondo
como tú
de las aguas del sena esta noche de abril de 1970

porque tus palabras fueron
en el mismo idioma de tus verdugos
la última pregunta en el espejo de la oscuridad
y tal vez abril es un libro que esperaste toda la vida
    para abrir
esta noche bajo las aguas del puente mirabeau

CARBÓN DE GONZALO ROJAS

ahora que respiras ya sin dificultad
la noche en el otro oscuro oxígeno ahora
que en tu pecho cabe el huracán y su visita
trae el golpe
que avisa del apurado
pulmón del mar que vuelve por lo vivo
y anuncia que no que nunca que nada
basta

ahora que ya no tienes peso ni impaciencia ni memoria
entrañable del padre ahora que la prisa por disolverte
en tus innumerables minerales
es la sola tarea de tu eternidad

ahora en fin que tu ritmo es el penúltimo
peldaño en la penumbra
entre lo dicho y lo decible
yo te repito voz adentro del oído:

qué se ama cuando se ama mi dios sólo un aquí
sólo este solo del cuerpo tan solo
y la travesía tal vez la evaporada
rosa de la respiración pues acaso
vine a decir que nada, que nunca, que nacemos
sólo nacemos
para presenciar a la impúdica
y hermosa vida
ella

que hoy nuevamente ha bajado a la mina de tu ánima
     y enciende
un fuego terrenal
un fuego subterráneo
también
inagotable
de grisú

INSOMNIO DE ALEJANDRA PIZARNIK

lápices de colores
tu entera piedra y la punta
que vigilaba el dibujo de un pájaro
escapado de la jaula de tu mano

la noche más oscura de tu nombre
es la que flora y antonio vieron con toda claridad
cuando la iluminaste borrándola de golpe

escribías en la oscuridad escribías
casi exclusivamente en las horas más altas de la noche
pero lo hacías con lápices de colores

hoy por fin terminó el insomnio
pues te marchaste para conocer aquel lugar
donde quien muere despierta

me duelen los ojos alejandra
que esperan abiertos tras la niebla
de la madrugada
para trazarte para escribir contigo la última página
    del diario
me duelen tus alas de seconal
que levantaron el vuelo
al viento final de los desarraigados
me duele la verdad de lo invisible

dejaste la vida en un gesto
inolvidable dejaste la vida en un acto
de pureza incomprensible dejaste la vida
alejandra en un interminable
secreto

alguien me observa desde el fondo de la cerradura
    tras esa puerta cerrada
presiento la mirada de alguien al otro lado de la página
alguien está trazando con lápices de colores una sombra
ahora mismo alguien nos dibuja con todo detalle alejandra
desde el fondo de un sueño

3 / ENERGÍA OSCURA

DESPUÉS DE LA FIESTA

Ella dijo: "No hay ninguna razón
y la verdad es evidente.
Pero me entrampé con las cartas de mi juego" […]
Y aunque mis ojos estaban abiertos,
bien pudieron haber estado cerrados.

PROCOL HARUM, *A WHITER SHADE OF PALE*

1

al día siguiente
el sol sabe que todo
sigue en el lugar de siempre

a la mano
más o menos como anoche
los lentes la cartera el celular
las llaves y credenciales que demuestran
con números y datos duros
lo que todavía somos y tenemos o debemos

contra nuestra voluntad nos ponemos nuevamente de pie
y el mundo es
más o menos el mismo que olvidamos anoche

recorremos con medio siglo encima la casa
para hacer el recuento de los daños
corremos las cortinas y abrimos las ventanas
vasos vacíos ceniceros llenos
discos y libros echados a volar como pájaros
    desenjaulados
sillas en desorden velas apagadas
regalos sin abrir enigmáticos objetos olvidados

todo está y no está en su lugar
las personas han partido
pero también han dejado
la huella espectral de su presencia

y tú sabes de sobra
que la emoción de la cercanía te ha jugado su broma
    de siempre
no es la gente en sí
ni mucho menos toda aquella que aparece y desaparece
    en una noche
sino la recóndita recuperación
de una parte inservible
vieja y necesaria
de tu alma gregaria

2

nunca es ni ha sido
un buen negocio
convocar una fiesta

se espera mucho
se gasta de más
y se obtiene poco

eso lo sabe todo el mundo

pero a mí lo que me importa
no es la fiesta en sí
no es la multitud ni el derroche ni el ruido

a mí lo que me gusta y atesoro más tarde
es el desvarío

el desvarío de las personas y sus almas
el laberinto de sus vidas anudadas una noche
sin otro territorio que la música
y las palabras y las historias entrecortadas para salvarse
    o perderse
en la memoria y el olvido de una noche
de una provocación
en la que siempre y de nuevo y como ayer
todos caemos

3

esto sucede no más que unas veces en la vida
y sucede sin más cuando sucede

y nunca resulta en el lugar ideal
ni en el escenario perfecto
nunca resulta en el momento más oportuno ni en la fecha
más adecuada en la agenda de cada quien
pero cuando la espontánea energía de los participantes
y la luz de las estrellas lo disponen
sucede lo que llamaremos más tarde ya en un grato
    recuerdo
"aquella inolvidable fiesta"

4

por eso entiendo y atesoro
el juicio de que una fiesta es en principio un mito
    de la juventud
un lugar preparado para lo desconocido
y abierto a la libertad de unas cuantas horas
donde nos pondremos un momento las espléndidas
    máscaras de la verdad
y ocultaremos un momento los rostros de nuestras
    fantasmales vidas

esta noche posiblemente
una vez más descubrimos *eldorado*
y habitamos la utopía por unas pocas horas

las pocas pero suficientes horas
para que exista la ciudad de oro la utopía
las pocas pero suficientes horas
que la utopía necesita para existir
las pocas pero suficientes horas
que ella permite habitar para reconocerla
y para creer aún hoy en aquel lugar de la leyenda

y después
y más tarde o nunca
volveremos a vivir
cada uno de esos minutos delirantes
como quien desgrana poco a poco
con la lenta remembranza de lo vivido desde la plenitud
un tiempo vertiginoso y hechizado
e incinerado con devoción y detalle una noche
a los dioses del olvido

5

la vida se va
de una u otra manera
como una noche de fiesta
aunque intentemos detenerla con desmesuradas ofrendas
de amistad o de locura
y con animados ritos de esperanza
entre gente sin dios y entre dioses paganos
entre gente con fe y entre palabras piadosas

y con el voto de la juventud y con la música más alta
en los altavoces de nuestro corazón

la vida se va
precisamente porque no nos pertenece
y todos los hechizos y las barajas y los talismanes
que empleamos para detenerla
se convierten en ceniza y apagado calor
cuando la noche termina

la vida se va
nada queda entre sus brazos
por eso me gusta invocarla
una y otra vez con el delirio
sin duda humano
sin duda efímero
y sin duda inolvidable
de una noche de fiesta

LAS PERSONAS DESCARTADAS

1

aquellos a quienes ya no quieres ver
pero una y otra vez aparecen
de la manera más extraña y desafiante
aquellos que se quedaron en el amarillento
    y desdibujado tapiz de la memoria
pero por alguna insistente razón
reaparecen

aquellos que te siguen en sueños
absurdos y solitarios y jamás correspondidos
pero con una clave
que ni todos tus razonamientos
logran descifrar

2

a veces
miras esas fotos con nostalgia
o con incómoda extrañeza
cada uno de ellos
cada una de ellas
estuvieron junto a ti con la primavera y en el calor
de lo cercano en el pequeño pacto de un fin de semana
o de una temporada llena de juventud
y se fueron al final del curso
o del calendario de estudios

hasta el otoño y el invierno de la vida se fueron
porque en la vida todo se va
ya lo sabemos
todo se va cuando termina la estación de su llegada
    y llega la estación de su partida
cuando termina
por decirlo así
su razón de ser

a veces
te topas un día con alguno por la calle
y te detienes en seco sin saber qué decir
y en el saludo forzado hay un nudo gordiano
    que no se ha podido cortar
un huidizo e incómodo gesto
de apurado exorcismo
como el que habría quizás entre un vivo
    que se entrecruza con un muerto

3

vivieron
todos ellos en el resplandor
de una edad que las imágenes no han borrado
pero el camino del tiempo los ha vuelto para ti sombríos
    o desconocidos

no sabes quiénes se mudaron o exiliaron ni dónde están
no sabes ni siquiera quiénes ya murieron
pero la imagen que por un instante todavía

regresa frente a tus ojos
te advierte que la mayoría de ellos ya no están
sencillamente ya no están

pero la pregunta es:
por qué ya no están?
qué los hizo quedarse atrás?

atrás o a un lado o después en el tiempo
el tiempo que es tal vez una esfera total
donde todo está junto pero a la vez disperso

el tiempo tal vez perdido en el tiempo
atrás de lo que vemos
que es acaso lo que nos faltó por ver
por ver tal vez en su esfera final e innumerable

4

las personas descartadas
son las que fueron necesarias
en un tiempo que la vida esfumó

las personas descartadas
son aún en sueños como las cartas en el tarot
lo que aparece una y otra vez
en la tirada de la memoria
supongo que para decir
con un íntimo alfabeto necesario
lo que ha debido ser para que sea lo que es

lo que ha sido y no termina de ser y la memoria
    no descarta todavía
lo que en algún rincón del tiempo
aún significa algo para ti

LA JUSTICIA

no teníamos una palabra para nombrarla
era el mito que en carne nuestros ojos anhelaban
esa honda palabra que como el diamante
sólo existe o se presenta
en gotas de durísima verdad

no teníamos en nuestra primitiva incertidumbre
    otra forma de invocarla
más que la espera y la paciencia y la intuición
su antigua y ciega
certeza
su antigua y ciega
ordenanza

afirmaban los libros ancestrales que ella nacería
de la prudencia
repetían los añosos cánones del orden que confiáramos
en el tiempo
que lo pone todo en su lugar

repetían y repetían los ya cansados libros
y las leyes que no por escritas son verdades
y los oportunistas que una y otra vez la empuñan
para anestesiar el dolor de los nacidos sin heredad
y atizar el añejo rencor de los olvidados

pero era infalible a cada vuelta
como su necesidad o su fuerza

erramos entonces en su busca
soberbios y extraviados
con nada más que nuestra juventud en el bolsillo
porque nunca fue inminencia ni promesa su rarísima
presencia

erramos en el rastro
de sus dictámenes
que cumplen a la perfección
con lo imperfecto

sucumbimos probablemente en su errabunda lumbre
que no abriga ley ni razón alguna
y perdimos la razón y trastocamos la ley
y envejecimos y olvidamos
siempre buscándola

y la nuestra
como todas como cada generación
confirmó la extrañeza de este mundo
donde sus leyes corroboran cada día la lejanía
    de la justicia
y su infinita
o ya demasiado reiterada promesa de presencia
y su desesperante
ausencia

A QUIEN CORRESPONDA

estimada adversidad:
te felicito
veo de nuevo mi destino transcrito a tu sentencia

has roto mi techo arrasado mi tierra exiliado
a cada uno de mis hijos
has hecho polvo mi sueño
has devastado mi cuerpo
y devorado la luz de mis días
me has dejado solo
y me has hecho presenciar el ocaso de lo que amo
a través del lento veneno del desengaño

y cuando pretendí enfrentarte
levanté la vista y no te hallé en el cielo
y cuando bajé la cabeza no te encontré en el polvo
y pregunté por ti y todos te conocían
pero nadie me dio razón de tu última
identidad o residencia

sin embargo no apelo a tu misericordia
ni a tu insondable justicia
hace tiempo que acepto tu predadora sombra
y tu eterno perfume y tu veneno diario

no aminores por lástima el mazo del veredicto sobre mí
cúmplelo hasta su raíz de cardo

porque no creo en el perdón ni en la piedad
sólo entiendo el destino
y el carácter

lo sé de sobra
nacer es conocer tu territorio
y el frío filo de las leyes de tu reino
aquí estaré una y otra vez para recibirte
pues no tengo otro lugar ni otro tiempo
en donde conocerte
ni tendré otra vida
para atestiguarte

eres tú la señora
lo sé
y la mejor maestra
de este antiguo mundo

DOCUMENTO DE IDENTIDAD

1

me preguntas quién soy

no lo sé

sólo tengo una historia
de cosas que son ciertas
y de cosas imaginadas

sólo tengo una verdad
finalmente
de cosas que tal vez me llevo y de cosas que tal vez dejo aquí

los hechos son mi único documento de identidad

2

me preguntas quién soy

no lo sé

y si tuviera que declarar algo
después de todo diría que…

perdí el presente por alcanzar el futuro
perdí el futuro cuando no supe habitar el presente
perdí mucho tiempo para ganar tiempo

perdí

perdí la cabeza cuando escuché demasiado al corazón
perdí el corazón cuando escuché demasiado a la cabeza
perdí el corazón y la cabeza cuando vi por primera vez
tus ojos

perdí

perdí el sentido común por creer en una sola persona
perdí la confianza en mí mismo por creer en demasiadas
    personas
perdí a las personas por creer en las ideas

perdí

perdí una patria por respetar las fronteras
perdí una lengua por respetar las palabras
perdí mi pasaporte por buscar mi identidad

perdí

perdí la memoria por querer recordarlo todo
perdí el todo por perseguir detalladamente cada cosa
perdí innumerables cosas por prestar atención a todo

perdí

perdí la libertad persiguiendo una convicción
perdí la convicción cuando atestigüé la realidad

perdí la realidad cuando soñé lo imposible

    perdí

perdí a las personas que tenía a mi lado por perseguir a
    una multitud distante
perdí a la gente verdadera cuando quise ser amado
    por todos
perdí a todos por no saber amar a nadie

    perdí

perdí lo imposible por el miedo de perder lo posible
perdí el más allá por el amor al aquí
perdí un millón de vidas por una sola

    perdí

perdí la llave cuando llegué a mi casa
perdí la puerta cuando hallé la llave
perdí la casa cuando tuve en mi mano por fin la llave
    y la puerta

    perdí

perdí el cielo por creer en el cielo
perdí la maldad por creer en el mal
perdí el mundo cuando creí que había algo más allá
    del mundo

    perdí

3

amor mío perdí

en esta vida perdí

ese es mi único documento de identidad

por eso creo que he ganado
lo único que valía la pena ganar

LA VÍSPERA

del mismo modo en que existe un día específico
en el que conmemoramos nuestro nacimiento
ha de existir otro día específico en que habremos
    de abandonar este mundo
y cada año cruzamos esa fecha sin saberlo

víspera que una y otra vez atravesamos
como el umbral de la puerta de nuestra casa
día que aguarda como la sombra inversa
    de nuestro cumpleaños
en el calendario final de nuestro paso

es una fecha oculta en nuestra cuenta regresiva
el dato exacto
que aún no hemos apuntado
en el libro de la vida

LEXUS

considéralo tal vez como íntimas lecciones de humildad

amanece
algo se te cae al suelo
un objeto tan pequeño como imprescindible para ti
(una llave una tarjeta una pastilla)
y tienes que recorrer cada centímetro del suelo
    con el tacto
como un insecto que lucha por salvar su mundo

asumes lo que crees
frente a los demás
 tu más digna persona
te pones tu mejor atuendo
tu más limpia camisa
la cual a punto de salir te das cuenta
(porque la única persona en la que aún confías
    en este mundo
te lo dice con discreta reconveniencia)
está manchada

luego hablas toda la mañana con alguien
que trae noticias para ti desde la otra orilla del tiempo
y a quien nunca olvidarás por sus palabras
breves y definitivas
por sus historias
medulares
por el peso al marcharse

de sus pasos
pero a quien jamás
reconocerás en una fotografía
ni en una multitud

estás en una de las más históricas esquinas de tu ciudad
al otro lado
casi de memoria
te esperan incontables anécdotas y rincones de tu vida
pero hoy ya no puedes cruzarla
sin ayuda

cuentas con el tacto los billetes
que la confianza en los demás te ha dicho que te alcanzan
para tomar el taxi de regreso
y confías
confías en que nadie te haya mentido
en esta tu vieja ciudad
siempre entre babel y babilonia
por lo menos este día

como de paso
sin buscarlo volviste al majestuoso cine de tus recuerdos
sólo para tocar sus muros desvencijados
y saber
que todas las películas que viste tras esas paredes
hoy están en un archivo digital y que ya no existe
    un cine ahí
y que ya no miras más

anochece

recorres la casa de memoria
tal vez el único territorio todavía de tu libertad
pero te tropiezas
con un objeto fuera de su lugar
algo que no has desechado aún
un estorbo empolvado un obstáculo entrañable
que también te persigue
como otra secreta y certera
lección de humildad
desde tu infancia

ÍCARO

confiaste demasiado en la juventud
lo más efímero y hermoso
habitaste sólo en el argumento del fulgor
de cada día
caminaste con agilidad al paso de la inmediata y segura luz
frente a tus ojos
bajo tus rápidos pies
y creíste que en tus manos
todo eso estaría para siempre
y creíste que tu fuerza
era un don ilimitado
eterno y tuyo

y aprendías todo con la naturalidad de la respiración
y leías todo lo legible sin descanso
y hablabas de cualquier cosa con la soberbia
del que ya está de regreso
con la confiada mirada
del que no tiene ya más preguntas
que hacer al ancho libro del mundo
del que se aburre finalmente frente a la belleza
y se marcha al sol

qué caro te cobraría
después
una por una
todas las cartas tempranamente ganadoras
el destino qué caro

tendrías que pagar
lo que equivocadamente creíste tuyo
desde siempre

porque la luz no perdona
a los que desean
el último secreto
de la luz

EPÍLOGO

HABLA EL HADA MELUSINA

no preguntes quién soy
porque mi nombre es el de todos y el de nadie

y estoy aquí
sólo mientras no me busques en un mismo lugar
y desapareceré cuando me sigas

porque soy la voz que atraviesa las voces
dispersas en el viento
porque soy el rostro detrás de los rostros
en toda tu genealogía
porque soy lo verdadero que asciende desde el sueño
     de la tierra
y soy también la forma infinita del agua
porque soy el ojo sin párpado que todo lo ve
y es mi antiguo privilegio elegir la hora y el sitio
     y el encuentro
contigo

si crees que adivinaste quién soy es que ya soy otra
si me miras te quemará el fuego de mi mirada
si me abrazas abrazarás el aire
si me señalas en la multitud seré legión que responde
     y desaparece
si lanzas un golpe contra mí romperás un espejo

si me llamas sólo escucharás el eco de tu nombre

única
es mi condición y la has comprendido en sueños
soy tuya
cuando no lo esperes y mientras no me sigas
ni quieras poseerme
porque yo precisamente poseo la posesión
y acaso a veces volveré
en el conjuro y en el juramento que ahora te transcribo

me reconocerás siempre pero nunca podrás mirar mi rostro
sabrás de entre tus palabras cuáles son mías
pero lo que te doy a guardar
no es para ti sino para los míos
que a través de ti
me reconocerán siempre
por mi sello y desde ayer en el tiempo venidero

y no me guardes rencor
después de todo
jamás he faltado a mi promesa ni a la cita
pero tú

tú en cambio
eres quien para conocerme
y tantas veces aún para reconocerme
ha perdido la cabeza

ÍNDICE